Das Ufo über Lübz
Augenzeugenbericht einer Entführung
von Sven Fleppinger

Herold zu Moschdehner

Das Ufo über Lübz

Augenzeugenbericht einer Entführung von Sven Fleppinger

Bibliografische Information der Deutschen Nationalbibliothek
Die Deutsche Nationalbibliothek verzeichnet diese Publikation in der Deutschen Nationalbibliografie; detaillierte bibliografische Daten sind im Internet über http://dnb.d-nb.de abrufbar.

ISBN: 978-3-7693-0557-9

Verlag: BoD · Books on Demand GmbH,
In de Tarpen 42, 22848 Norderstedt
Druck: Libri Plureos GmbH, Friedensallee 273,
22763 Hamburg

9,99 Euro

Vorwort

Dies ist die Geschichte eines Mannes, der in die tiefen Geheimnisse des Universums blicken durfte – oder vielleicht gezwungen war, diese Erkenntnisse zu erlangen. In einer Welt, in der alles Alltägliche fest verankert ist, erzählt Sven Fleppinger von einer Begegnung, die sein Leben unwiderruflich verändert hat. Er beschreibt nicht nur die erschütternde Erfahrung, auf außerirdisches Leben zu stoßen, sondern auch die tiefere, fast unergründliche Botschaft, die ihm zuteilwurde: eine Vision einer vereinten Menschheit, die in Harmonie lebt und in der Unterschiede keine Rolle mehr spielen.
Diese Aufzeichnungen sind nicht einfach eine Erzählung, sondern ein Vermächtnis – ein Zeugnis für die Frage, ob wir als Menschheit bereit wären, unseren Horizont zu erweitern und eine Welt zu schaffen, die in Einklang mit einem größeren kosmischen Gleichgewicht steht. Sven Fleppinger schildert seine Reise durch Zweifel, Angst und Erkenntnis und lädt uns ein, uns der Frage zu stellen, was es bedeutet, „Mensch" zu sein.
Dieses Buch ist keine gewöhnliche Geschichte. Es ist ein Fenster in eine mögliche Zukunft, ein Blick in die unendlichen Weiten des Universums und vielleicht – ein Weckruf.

Kapitel 1: Lübz und das Leben am Waldrand

Mein Name ist Sven Fleppinger. Man nennt mich im Dorf oft „den Einsiedler“ – eine Bezeichnung, die ich eher als Auszeichnung betrachte. Mein Leben am Waldrand in der Nähe von Lübz ist von einer tiefen Einfachheit geprägt. Es ist ein Leben, in dem jeder Tag so beginnt und endet, wie ich es will. Hier, inmitten des dichten Waldes und der abgeschiedenen Felder, finde ich die Ruhe und Einsamkeit, die mir die Welt draußen nicht bieten kann.

Lübz ist ein kleiner, verschlafener Ort, der von der Hektik und dem Lärm der modernen Welt kaum berührt wird. Hier gibt es keinen großen Verkehr, keine hohen Gebäude und keine fremden Gesichter. Die Menschen hier leben seit Generationen auf den gleichen Flecken Land, und die Geschichten dieser Orte sind mit den Wurzeln der Bäume verwoben. Manche mögen Lübz als einen langweiligen Fleck auf der Landkarte betrachten, doch für mich ist es ein Zufluchtsort – ein Ort, der sich nicht ändert und in dem die Zeit manchmal fast stillzustehen scheint.

Der Wald, an dessen Rand ich lebe, ist ein alter Wald, einer mit einer beinahe greifbaren Geschichte. Die Bäume dort sind dick und hochgewachsen, und wenn der Wind durch ihre Äste fährt, hört es sich an, als würde die Erde selbst sprechen. Schon als Kind verbrachte ich Stunden darin, und diese Verbindung ist nie abgerissen. Die Stille des Waldes, das Knistern der Zweige unter meinen Füßen und die schattigen Lichtungen sind zu einem Teil von mir geworden.

Die Natur zeigt sich hier in ihrer ganzen Pracht – und manchmal auch in einer bedrohlichen Form. Meine Hütte, die ich vor vielen Jahren eigenhändig errichtet habe, steht genau dort, wo der Wald aufhört und das offene Land beginnt. Sie ist nichts Besonderes, ein einfacher Bau aus Holz und Stein, aber sie bietet mir Schutz und Geborgenheit. Ich brauche keinen Luxus; das einfache Leben und die Möglichkeit, mich auf die wesentlichen Dinge zu konzentrieren, sind genug für mich. Morgens hole ich mein Wasser aus dem nahegelegenen Bach, und abends mache ich ein kleines Feuer, das die Hütte wärmt und dem Raum ein goldenes Licht verleiht. Wenn ich nachts in meinem Stuhl sitze und auf das flackernde Feuer schaue, fühle ich mich eins mit der Natur – fernab von den Sorgen und dem Chaos, das in der Stadt herrscht.

Doch in den letzten Nächten hat sich eine merkwürdige Unruhe über den Wald gelegt. Es ist kein lautes, greifbares Phänomen, sondern eher ein leises, schleichendes Gefühl, dass etwas Fremdes hier eingedrungen ist. Ich habe mich schon oft gefragt, ob es meine Einbildung ist, doch jedes Mal, wenn ich nachts aus meiner Hütte trete und in die Dunkelheit lausche, überkommt mich eine Gänsehaut.

Es begann vor einigen Tagen mit einem flackernden Licht in der Ferne, irgendwo tief im Wald. Anfangs dachte ich, es sei nur der Mondschein, der durch die Äste brach. Doch das Licht war anders, es bewegte sich, schien pulsierend zu atmen, als hätte es ein Eigenleben. An manchen Nächten schien es so nahe, dass

ich glaubte, ich könnte es erreichen, wenn ich mich nur traute, dem seltsamen Leuchten zu folgen. Aber irgendetwas hielt mich zurück.
Neben dem Licht hörte ich auch ein tiefes, dumpfes Brummen, das aus dem Boden zu kommen schien. Es war, als würde die Erde selbst vibrieren, ein niederfrequentes Grollen, das durch meine Knochen zog und mir einen Schauer über den Rücken jagte. Diese nächtlichen Geräusche sind schwer zu erklären, doch ich bin sicher, dass sie real sind. Die Natur selbst scheint sich anders anzufühlen – als ob sie etwas verbergen würde, das für meine Augen unsichtbar ist.
Ich habe das Gefühl, dass etwas Außergewöhnliches im Gange ist. Vielleicht ist es eine Warnung, vielleicht eine Botschaft, die der Wald nur mir zu übermitteln scheint. Die Leute im Dorf lachen oft, wenn ich davon spreche, sie glauben, ich hätte zu viel Zeit für mich allein und würde mir Dinge einbilden. Aber ich weiß, was ich gesehen und gehört habe. Die Lichter, das Brummen, die seltsame Stille danach – all das ist echt.
Es sind nur wenige Menschen, die wirklich verstehen, warum ich dieses Leben am Rand des Waldes gewählt habe. In der Stadt wird man oft als seltsam betrachtet, wenn man die Abgeschiedenheit bevorzugt und die Stille über das Geplapper der Menschen stellt. Doch hier draußen habe ich gelernt, dass die Stille ein Geschenk ist. Sie erlaubt mir, Dinge wahrzunehmen, die im Trubel der Welt verloren gehen. Die Lichter und Geräusche, die in den letzten Tagen immer wieder auftauchen, geben

mir das Gefühl, dass die Natur selbst eine Geschichte zu erzählen hat – eine Geschichte, die sich nur denjenigen offenbart, die geduldig genug sind, ihr zuzuhören.
Vielleicht ist das der Grund, warum ich mich so verbunden fühle mit dem Wald und diesem abgelegenen Leben. Hier draußen habe ich die Freiheit, meine eigenen Gedanken zu denken und die Natur so zu erleben, wie sie wirklich ist. Wenn ich nachts unter dem Sternenhimmel stehe und das Rauschen der Bäume höre, fühle ich mich wie ein Teil eines größeren Ganzen. Aber die seltsamen Lichter und das unheimliche Brummen sind anders. Sie flüstern von einer anderen, unbekannten Welt, die sich nur selten zeigt.

Kapitel 2: Die erste Sichtung

Es war eine kalte, sternenklare Nacht. Die Luft war still, und der Mond hing hoch am Himmel, sein Licht fiel sanft auf die dichten Baumkronen und die Felder rund um meine Hütte. Diese Nächte sind für mich die schönsten. Die Stille des Waldes und der schimmernde Sternenhimmel lassen mich die Welt auf eine Weise erleben, die mir sonst im hektischen Leben der Menschen verborgen bleibt. Ich war gerade draußen, hatte ein letztes Mal für diesen Abend meinen Rundgang gemacht und die Frische der Nachtluft eingeatmet, als etwas Ungewöhnliches meine Aufmerksamkeit erregte.

Ein eigenartiges Licht schimmerte tief im Wald, ein leises, fast glühendes Leuchten, das sich langsam in die Höhe schob und dann wieder abflachte. Anfangs dachte ich, es sei vielleicht ein Wetterphänomen oder ein Wanderer mit einer Laterne, doch es schien sich viel zu gleichmäßig und ruhig zu bewegen, um etwas so Alltägliches zu sein. Dieses Licht pulsierte, als würde es atmen, und war viel intensiver als das fahle Mondlicht. Fasziniert und zugleich voller Unruhe beobachtete ich das Leuchten, unfähig, meinen Blick davon abzuwenden.

Nach einigen Minuten veränderte sich das Licht. Es wurde heller, und eine klare, blau-weiße Scheibe zeichnete sich am Horizont ab. Das Objekt selbst war noch verborgen hinter den Bäumen, doch das Licht war so stark, dass es den Wald erleuchtete, als ob die Morgendämmerung bevorstünde. Das pulsierende Licht wurde von

einem tiefen, fast körperlich spürbaren Brummen begleitet, das den Boden unter meinen Füßen erzittern ließ. Das Brummen war nicht laut, eher ein leises Grollen, doch es vibrierte in der Luft und brachte meinen Körper zum Vibrieren.
Mit wachsendem Staunen und einem unheimlichen Gefühl des Unbehagens sah ich, wie sich die Lichtquelle immer weiter näherte. Schließlich tauchte sie über den Baumkronen auf: eine scheibenförmige Erscheinung, die in einem unheimlichen, blauen Glühen leuchtete. Sie schwebte über dem Waldrand, etwa hundert Meter von meiner Hütte entfernt, und bewegte sich geräuschlos durch die Luft, als wäre sie aus purem Licht. Die Oberfläche der Scheibe war glatt und spiegelte das Licht auf eine Weise, die mir vollkommen fremd war. Es war, als ob das Objekt selbst lebendig wäre, sich langsam drehend und in einem gleichmäßigen Rhythmus pulsierend.
Plötzlich schwebte das Objekt tiefer, näher an den Waldboden heran, und ich sah mit Entsetzen, wie sich eine Luke an der Unterseite öffnete. Ein dünner Lichtstrahl, blass und durchdringend, schoss in den Wald hinunter, genau auf eine kleine Lichtung, die ich von meinen Wanderungen kannte. Der Strahl beleuchtete den Boden, und in seinem unheimlichen Schein schien das Gras auf der Stelle zu verdorren, als ob die Energie dieses Lichts die Lebenskraft der Erde aufsaugte. Die Luft wurde schwer, fast elektrisch geladen, und ein seltsamer, metallischer Geruch erfüllte die Umgebung.

Dann tauchten Gestalten auf – zwei schlanke, humanoide Wesen, die in der Öffnung der Scheibe erschienen und langsam zu Boden glitten, als ob sie durch den Lichtstrahl selbst getragen würden. Sie bewegten sich fast lautlos, mit einer Eleganz und Geschmeidigkeit, die nichts Menschliches an sich hatte. Ihre Gestalt war schlank und langgliedrig, mit großen, mandelförmigen Augen, die im schwachen Licht glitzerten und in meine Richtung zu blicken schienen. Sie schienen mich zu bemerken und hielten inne, als ob sie wüssten, dass ich dort im Schatten stand und sie beobachtete.

Ein Schauer durchlief mich, doch ich war wie gefesselt, unfähig, mich zu bewegen oder den Blick von ihnen abzuwenden. Die Wesen bewegten sich langsam und fast schwebend, als ob die Schwerkraft für sie keine Rolle spielte. Sie schienen in sich zu kommunizieren, obwohl kein Laut von ihnen zu hören war. Ich wusste nicht, ob sie mit Worten oder Gedanken kommunizierten, aber ihre Bewegungen waren so koordiniert und fließend, dass es schien, als würden sie eins sein – eine Art Bewusstsein, das in mehreren Körpern existierte.

Ich blieb starr vor Angst und Faszination stehen, während die Wesen sich weiter bewegten, prüfend und beinahe ehrfürchtig den Waldboden und die umliegenden Bäume berührten. Sie schienen etwas zu suchen, oder vielleicht auch etwas zu sammeln, doch was es war, konnte ich nicht erkennen. Das Brummen des Lichts und die elektrische Spannung in der Luft machten es mir schwer zu atmen, und das

metallische Aroma in der Luft ließ meinen Kopf schwirren.
Nach einer Weile schien ihr seltsames Ritual beendet, und die Wesen bewegten sich wieder zum Lichtstrahl zurück. Langsam glitten sie zurück zur Öffnung des schwebenden Objekts, und das Licht begann zu verblassen. Das letzte, was ich sah, bevor das Objekt sich hob und in einem plötzlichen, lautlosen Blitz verschwand, waren die großen, glänzenden Augen eines der Wesen, die mich mit einem Ausdruck betrachteten, den ich nicht deuten konnte – als ob sie mich erkannt hätten, als ob ich für sie von Bedeutung wäre.
Dann, so schnell wie sie gekommen waren, waren sie auch wieder fort. Die Lichtung lag still und verlassen da, als ob nichts geschehen wäre. Nur das leise Summen in der Luft und der schwache Geruch von Metall erinnerten an das, was ich gesehen hatte.

Kapitel 3: Sven's Mutmaßungen

Nach dieser Nacht ließ mich das Erlebte nicht mehr los. Die Ereignisse schienen mir wie ein Traum – ein seltsames, verschwommenes Bild, das sich nur schwer fassen ließ, und doch wusste ich, dass es real gewesen war. Es war nicht nur das Licht oder die Gestalten, die mir nicht aus dem Kopf gingen, sondern die unausweichliche Präsenz von etwas, das über mein Verständnis hinausging. Die elektrische Spannung in der Luft, das pulsierende Brummen und diese stumme, fast andächtige Begegnung – all das schien eine Art Absicht zu besitzen, eine Botschaft, die ich noch nicht verstand.

Ich begann mir Fragen zu stellen. Warum hier? Warum dieser abgelegene Wald am Rande von Lübz? Hatten sie etwas Bestimmtes gesucht oder eine Art Ritual durchgeführt, das mit dem Ort verbunden war? Ich erinnerte mich an die verbrannte Lichtung, an das Gras, das im Schein ihres Lichtstrahls verdorrt war. Es wirkte, als hätten sie etwas von der Erde selbst entnommen, als ob dieser Ort etwas Besonderes für sie wäre – etwas, das für uns Menschen unsichtbar oder unverständlich ist.

Je länger ich darüber nachdachte, desto klarer wurde mir, dass dies kein Zufall gewesen sein konnte. Was auch immer diese Wesen suchten, es musste einen bestimmten Grund haben, warum sie diesen Ort, diesen Wald und sogar diese Lichtung wählten. Vielleicht hatten sie etwas mitgebracht oder hinterlassen, das nur ihnen wichtig war und das ich in meiner

Unwissenheit nicht begreifen konnte. Oder vielleicht war es etwas an der Erde selbst – eine Energie, die für uns verborgen, für sie jedoch offensichtlich und bedeutend war.
Die Tage vergingen, und ich konnte mich kaum noch auf meine täglichen Aufgaben konzentrieren. Jedes Mal, wenn ich den Wald betrat, fühlte ich eine seltsame Anziehung, die mich zur Lichtung führte, als ob ich dort Antworten finden könnte. Es war, als hätte der Ort eine unausgesprochene Botschaft für mich – eine, die in der Stille der Bäume und der Einsamkeit der Lichtung verborgen lag. Doch jedes Mal, wenn ich dort ankam, schien die Antwort nur noch weiter entfernt.
Ein Teil von mir wollte zurück zur Normalität finden, das Erlebte vergessen und mein altes Leben weiterführen. Doch etwas tief in mir wusste, dass dies unmöglich war. Ich konnte die Augen nicht mehr vor der Tatsache verschließen, dass ich etwas Unbegreifliches erlebt hatte, etwas, das die Grenzen meines Verstandes sprengte. Die Vorstellung, dass wir Menschen nicht allein sind und dass es Wesen gibt, die uns beobachten, die unsere Welt betreten und verlassen, ohne dass wir es merken – diese Erkenntnis war überwältigend und beängstigend zugleich.
Ich entschied mich, das Erlebte aufzuschreiben. Vielleicht würden diese Aufzeichnungen mir helfen, einen Sinn darin zu finden. Oder vielleicht würde jemand, irgendwann, in diesen Worten etwas entdecken, das ich nicht verstanden hatte.

Kapitel 4: Befragungen und Skepsis

Die Tage nach der Sichtung waren ein merkwürdiges Wechselspiel aus Klarheit und Zweifeln. Ich fühlte mich wie in einer anderen Welt, als hätte der Moment, in dem das leuchtende Objekt und die Gestalten vor mir standen, alles in meinem Leben verändert. Diese Begegnung hatte eine Art Schleier von meinem Leben genommen und mich mit einer Realität konfrontiert, die ich nicht hatte verstehen können. Doch mit jedem Tag, der verstrich, wurde mir bewusst, dass ich allein mit dieser Erfahrung dastand – allein mit einem Geheimnis, das die meisten Menschen für undenkbar hielten.
Kurz nachdem ich meinen Bericht über das Erlebte in meinem Tagebuch festgehalten hatte, kamen die ersten Besucher. Es waren Männer, die ich zuvor noch nie in Lübz gesehen hatte. Sie kamen nicht aus der Gegend, das konnte ich an ihren feineren Kleidern und der seltsamen, distanzierten Art, mit der sie mich ansahen, erkennen. Zuerst waren es nur zwei, die mir einfache Fragen stellten – ob ich in letzter Zeit irgendetwas Ungewöhnliches gesehen hätte, wie die Lichter oder seltsame Geräusche. Ihre Art war freundlich, aber gleichzeitig zurückhaltend, als ob sie nicht zu viel von sich preisgeben wollten.
Ich wusste nicht, ob ich ihnen vertrauen konnte, also beschrieb ich nur das Nötigste. Ihre Fragen wurden spezifischer, und bald spürte ich, dass sie mehr wussten, als sie vorgaben. Es war, als ob sie genau wussten, was sich dort abgespielt hatte und nur darauf warteten, dass ich ihnen Details

bestätigte. Doch ich hielt mich zurück, versuchte, meinen Bericht so allgemein wie möglich zu halten.
In den darauffolgenden Tagen kamen immer mehr solcher Leute zu mir – Männer, die mich in eine Ecke zogen und flüsternd fragten, ob ich wirklich etwas gesehen hatte oder ob es nur eine Geschichte war. Einige wollten alles genau wissen, andere schienen nervös, fast besorgt. Doch keiner stellte sich mit einem Namen vor, und keiner konnte mir erklären, warum dieses Ereignis für sie von solcher Bedeutung war.
Der eigentliche Schock kam, als auch die Leute im Dorf anfingen, über meine Begegnung zu sprechen. Ich hatte den Vorfall niemandem weitergegeben, doch anscheinend hatten diese Fremden selbst in Lübz Fragen gestellt, vielleicht in der Hoffnung, mehr über mich und meine Beobachtungen herauszufinden. Die Bewohner begannen, mich mit einer Mischung aus Neugier und Misstrauen anzusehen. Einige lachten, machten Scherze darüber, dass ich nun den „Geist von Lübz" gesehen hätte, doch andere warfen mir ernste, skeptische Blicke zu. Die Legende vom „Verrückten im Wald" nahm langsam Gestalt an, und die Dorfbewohner witterten eine Geschichte, die sie noch nicht ganz fassen konnten.
Eines Abends, als ich in der Dorfschänke saß, kam ein älterer Mann zu mir, der mich neugierig ansah. „Sven," sagte er leise, „glaubst du wirklich, dass du etwas gesehen hast? Etwas, das nicht von dieser Welt ist?" Ich sah in seine müden Augen und wusste, dass er ernsthaft interessiert

war. Doch bevor ich antworten konnte, hörte ich die abfälligen Stimmen der anderen. Ein paar Männer lachten und klopften auf den Tisch, als sie mich ansahen. „Der Fleppinger hat wohl zu viel Zeit allein im Wald verbracht", rief einer spöttisch, und die anderen lachten.
Diese Skepsis begann an mir zu nagen. Ich war mir sicher, was ich gesehen hatte – das Licht, das Brummen, die Gestalten, die mich beobachtet hatten. Doch mit jedem spöttischen Lächeln, mit jeder ungläubigen Frage, die ich beantwortete, schlichen sich die Zweifel ein. Hatte ich mir das alles nur eingebildet? War es ein Fiebertraum, eine Folge der Einsamkeit und der langen Nächte im Wald?
Die Besucher kamen weiterhin, ihre Fragen wurden intensiver, und bald fühlte ich mich wie ein Gefangener in meinem eigenen Leben. Niemand schien mir wirklich zu glauben, und doch wollten sie alle Details wissen. Es war, als ob ich zwischen zwei Welten festhing – der Welt, die ich kannte, und der Welt, die ich in dieser einen Nacht erfahren hatte.

Kapitel 5: Der Waldgang und die innere Angst

Tage voller Fragen und Zweifel vergingen, und die anfängliche Entschlossenheit, die Erlebnisse festzuhalten, wich einer tiefen inneren Unruhe. Irgendetwas in mir drängte mich, zurück in den Wald zu gehen, um dem Geheimnis auf die Spur zu kommen. Doch das Gefühl, verfolgt zu werden, ließ mich zögern. Die Besuche der Fremden, das Misstrauen der Dorfbewohner, das stetige Brummen und die Erinnerung an das blendende Licht – all das verschmolz in mir zu einem Knoten aus Angst und Faszination.

Eines Nachts hielt ich es nicht mehr aus. Der Mond hing voll und leuchtend am Himmel, und die Bäume warfen lange Schatten über den stillen Waldrand. Ich griff meine Laterne und ein kleines Messer – ein dünner Trost gegen das, was mich erwarten könnte – und trat hinaus in die kalte Nacht. Der Wald war stiller als sonst, so als ob die Tiere das Eindringen eines Fremden spürten und sich versteckten. Die Luft war feucht und kühl, und mit jedem Schritt, den ich weiter ins Dickicht wagte, nahm die Beklemmung in meiner Brust zu.

Der Weg zur Lichtung war mir bekannt, doch in dieser Nacht schien alles fremd. Die Stille war nicht die Stille, die ich kannte; sie hatte etwas Bedrohliches, etwas Lauschendes. Als ich die Lichtung erreichte, zögerte ich. Der Boden vor mir war noch immer verkohlt und schwarz von der Berührung des Lichts. Es war ein gespenstischer Anblick, wie eine Wunde im Waldboden, die nicht heilen wollte. Die verbrannte Erde schien

sich in die Luft zu heben, als ob die Hitze noch immer dort ruhte, und ein unheimlicher metallischer Geruch lag in der Luft.
Ich spürte ein eigenartiges Kribbeln, ein Prickeln, das meinen Körper durchzog und mich daran erinnerte, dass dies kein gewöhnlicher Ort war. Die Lichtung schien sich unter meinen Füßen zu bewegen, als ob eine unsichtbare Kraft sie umgab. Ich stand eine Weile da, unfähig, mich zu rühren, und lauschte. Plötzlich hörte ich das tiefe, vertraute Brummen wieder. Es war wie das Echo eines Pulsschlags, der aus dem Boden zu kommen schien, stärker und näher als je zuvor. Das Licht erschien wieder, dieses Mal mit einer intensiven Kraft, die die Dunkelheit durchschnitt. Der Lichtstrahl traf den Boden vor mir, blendend und weiß, und das Brummen erreichte eine Frequenz, die meinen gesamten Körper erschütterte. Ein merkwürdiges Gefühl durchströmte mich, als ich in das Licht starrte, unfähig, meinen Blick abzuwenden. Alles um mich herum verschwamm, und ich spürte, wie ich von einer unsichtbaren Macht nach oben gezogen wurde, als ob das Licht mich selbst emporhob.
Meine Umgebung verschwamm in grellen, weißen Flecken, und ich verlor das Gefühl für Raum und Zeit. Als das Brummen nachließ und die Helligkeit abnahm, fand ich mich in einem Raum wieder, der vollständig weiß und von einem sanften, unbestimmten Licht erfüllt war. Ich wusste sofort, dass ich nicht mehr im Wald war. Die Luft war anders, klar und ohne den Geruch

der Natur. Es war, als ob ich in eine andere Welt gezogen worden war.
Vor mir tauchten zwei Gestalten auf – dieselben Wesen, die ich auf der Lichtung gesehen hatte. Sie standen reglos da und sahen mich mit ihren großen, unendlich tiefen Augen an. Ich spürte, dass sie in meine Gedanken blickten, als ob sie jedes Detail meines Wesens erfassen konnten. Mein Herz raste, und eine Welle der Panik erfasste mich. Doch gleichzeitig spürte ich auch eine merkwürdige Ruhe, als ob ich mich einer unausweichlichen Wahrheit stellen musste.
„Sven Fleppinger", hörte ich eine Stimme in meinem Kopf, sanft und beruhigend, ohne dass ein Laut den Raum erfüllte. „Wir haben dich beobachtet. Du gehörst zu den wenigen, die uns wahrnehmen können."

Kapitel 6: Die Offenbarung

Die Stimme klang in meinem Kopf nach, sanft und seltsam beruhigend, als ob sie mir jegliche Angst nehmen wollte. Ich spürte, wie eine Welle von Gedanken in meinen Geist strömte, als ob die Wesen versuchten, mir ihre Absicht direkt zu übermitteln. Ohne ein Wort zu sagen, erfuhr ich, dass sie seit langer Zeit die Menschheit beobachteten – in der Stille, fernab unseres Wahrnehmungsbereichs, immer nur für die Augen jener sichtbar, die eine besondere Sensibilität für das „Unbekannte" hatten.

„Wir kommen nicht in Feindseligkeit", hallte die Stimme in meinem Kopf wider. „Wir haben die Menschheit studiert, ihre Geschichte und ihre Konflikte. Doch wir wissen auch, dass wahres Verständnis und Frieden nur dann erreicht werden können, wenn alle Unterschiede beseitigt sind." Die Worte fühlten sich schwer an, als ob sie voller Bedeutung waren, die ich noch nicht vollständig erfassen konnte.

Ich versuchte, eine Frage zu formulieren, doch bevor ich die Gedanken fassen konnte, spürte ich eine weitere Welle von Wissen, die über mich hinwegspülte. Die Wesen erklärten mir, dass ihre Absicht darin bestünde, die Menschheit „zu transformieren" – einen Zustand der Einheit zu schaffen, in dem jeder Mensch dieselben Emotionen, Gedanken und Erfahrungen teilen würde. Unterschiede und Konflikte, die unser tägliches Leben prägten, sollten verschwinden. Erst dann, so sagten sie, wären wir bereit, die wirklichen Geheimnisse des Universums zu

erfahren und Teil eines größeren kosmischen Gleichgewichts zu werden.
„Aber wie?“ dachte ich verzweifelt, unsicher, ob diese Wesen meinen Einwand verstanden. „Die Menschen werden das nicht einfach akzeptieren, sich dieser Art von Veränderung zu unterziehen.“
Die Antwort kam schnell und ruhig, wie ein stiller Strom, der jede Welle des Widerspruchs in meinem Geist glättete. „Es wird schrittweise geschehen“, antwortete die Stimme. „Die Menschheit wird sich erst daran gewöhnen müssen, die Konflikte und Missverständnisse zu überwinden, die in ihren sozialen Strukturen und kulturellen Unterschieden verankert sind. Nur wenn ihr alle Barrieren durchbrecht, wird das vollständige Verständnis eintreten.“
Mir wurde plötzlich klar, dass ich kein Zufall war, kein Mensch, der einfach nur zu ihrem Experiment wurde. Diese Wesen sahen in mir eine Art Vermittler, jemanden, der ihre Botschaft an die Menschheit überbringen sollte – oder besser gesagt, vorbereiten. In diesem Moment verstand ich, dass es mein Schicksal war, diese Begegnung zu dokumentieren, ungeachtet dessen, ob man mir glauben würde oder nicht.
Als diese Erkenntnis mich durchflutete, sah ich, wie sich eine der Gestalten mir näherte. Ihre Hand – oder das, was einer Hand ähnelte – berührte meinen Unterarm, und ich spürte einen leichten Druck. Sie entnahmen mir eine kleine Probe, als ob sie einen letzten Teil meiner menschlichen Erfahrung mitnehmen wollten, bevor sie mich zurückließen.

Dann, ohne Vorwarnung, verblasste das Licht um mich herum, und ich fühlte, wie ich durch einen Tunnel aus Licht und Schatten gezogen wurde. Sekunden später stand ich wieder auf der verkohlten Lichtung im Wald, das Brummen war verschwunden, und die Nacht hatte ihre ruhige Dunkelheit wiedergefunden.
Doch tief in mir wusste ich, dass nichts mehr so sein würde wie zuvor.

Kapitel 7: Zweifel und Rückkehr zur Erde

Die Tage nach meiner Rückkehr zur Erde fühlten sich surreal an, als ob ich durch einen dichten Nebel ging, unfähig, das Erlebte zu verarbeiten. Der Wald, das Dorf, die Menschen – all das schien mir nun unendlich weit weg von dem, was ich erlebt hatte. Die Nacht auf der Lichtung, die leuchtenden Wesen und die unaussprechliche Erkenntnis ihrer Worte lagen wie eine zweite Realität über meiner eigenen Existenz. Jeder Gedanke an diese Wesen ließ mich spüren, wie tief diese Begegnung in meinem Inneren nachhallte, wie sie mich in eine Welt jenseits des menschlichen Verstandes geworfen hatte.

In den ersten Nächten nach meiner Rückkehr hielt ich mich wach, gequält von Fragen und Zweifeln, die durch meinen Kopf wirbelten. Hatte ich das alles wirklich erlebt? War es ein Traum, eine Halluzination, die ich mir eingebildet hatte? Doch jedes Mal, wenn ich meinen Unterarm betrachtete, die feine, kaum sichtbare Stelle, an der sie mir eine Probe entnommen hatten, kehrte das Gefühl der Wahrheit zurück. Es war real gewesen, so real, dass ich es fühlen konnte, selbst in den stillen Momenten der Nacht.

Doch die Frage blieb: Würde mir jemand glauben? Der Gedanke, mit jemandem darüber zu sprechen, schien einerseits unmöglich und andererseits notwendig. Ich wollte die Welt wissen lassen, was ich erlebt hatte, doch in den Augen der Dorfbewohner war ich ohnehin schon ein seltsamer Außenseiter. Würden sie mich auslachen, mich für verrückt halten? Die Vorstellung, dass sie mich wie einen Spinner

behandeln könnten, der durch die Einsamkeit des Waldes den Verstand verloren hatte, ließ mich schweigen.
Stattdessen schrieb ich. Ich verfasste Seite um Seite, notierte jedes Detail, das ich erinnern konnte: das pulsierende Licht, das metallische Aroma der Luft, die unheimliche Stille und die Augen dieser Wesen, die mich durchdrungen hatten. Ich schrieb darüber, wie sie mir die Vision einer Welt ohne Unterschiede gezeigt hatten, einer Menschheit, die als eine Einheit leben sollte, um wahrhaft in Frieden zu sein. Vielleicht würde ich eines Tages den Mut finden, diese Seiten jemandem zu zeigen. Doch für den Moment blieben sie mein Geheimnis, ein stilles Zeugnis einer Begegnung, die für die meisten unbegreiflich wäre.
Mit der Zeit begann ich, das Erlebte zu akzeptieren. Ich wusste, dass es immer ein Teil von mir sein würde, dass es mich verändert hatte. Die Welt hatte nun zwei Gesichter für mich: die vertraute, menschliche Realität und die geheimnisvolle Welt dieser Wesen, die jenseits unserer Wahrnehmung existierte. Ob sie jemals zurückkehren würden? Oder ob ich die Worte, die mir in jener Nacht enthüllt wurden, eines Tages teilen müsste?
Die Antwort blieb verborgen, wie das Licht der Sterne, das nachts durch die Baumkronen fiel.

Kapitel 8: Das Vermächtnis der Begegnung

Mit jedem Tag, der verging, wuchs die Distanz zu jener Nacht auf der Lichtung – und doch lebte sie in meinem Inneren weiter, wie ein lebendiges Geheimnis. Die Welt drehte sich weiter, die Bäume wuchsen, die Dorfbewohner gingen ihrem täglichen Leben nach, und die Stille des Waldes erfüllte mich, wie sie es immer getan hatte. Doch die Bedeutung dieses Wissens, das mir die Wesen vermittelt hatten, blieb und veränderte die Art, wie ich alles sah. Die Vorstellung, dass eine andere Intelligenz uns beobachtete und unsere Entwicklung verfolgte, war wie ein unsichtbarer Schatten, der mir das Gefühl gab, dass alles, was wir taten, Teil eines größeren Plans sein könnte.

Ich konnte die Botschaft der Wesen nicht vergessen. Sie sprachen von einer Menschheit ohne Unterschiede, ohne Spaltungen, in vollkommener Einheit. Die Idee einer solchen Transformation schien gleichzeitig inspirierend und beängstigend. Würden wir, die Menschen, wirklich alle Unterschiede überwinden können? Oder war das einfach ein Ideal, das uns in ferner Zukunft möglicherweise erwarten könnte? Ich sah, wie die Menschen um mich herum lebten, mit all ihren Konflikten, Ängsten und Hoffnungen, und es fiel mir schwer, mir eine Welt vorzustellen, in der diese Verschiedenheiten nicht existierten. Doch die Wesen schienen sich sicher zu sein, dass es möglich sei.

Oft dachte ich darüber nach, was dieses Wissen für mich bedeutete. Ich lebte schon immer ein

Leben abseits der Menschen und ihrer Komplexitäten, und doch wusste ich, dass ich mit ihnen verbunden war. Vielleicht lag darin die Lektion, die die Wesen mir mitgeben wollten – dass ich, auch wenn ich mich fern von anderen fühlte, Teil des Ganzen war und dass unsere individuellen Lebenswege in einen gemeinsamen Strom münden könnten.
Manchmal fragte ich mich, warum sie gerade mich ausgewählt hatten. War es Zufall? Oder lag es daran, dass ich am Rand des Waldes lebte und meine Einsamkeit es mir ermöglichte, Dinge zu sehen und zu hören, die anderen verborgen blieben? Vielleicht hatten sie jemanden wie mich gesucht, einen stillen Beobachter, der ihre Botschaft bewahren und eines Tages weitergeben würde. Es war ein Gedanke, der mich gleichzeitig stolz und demütig machte – die Vorstellung, dass ich der Hüter einer Wahrheit war, die irgendwann ans Licht kommen würde.
In meinen ruhigsten Momenten spürte ich die Anwesenheit der Wesen, als wären sie nicht wirklich fortgegangen. Es war ein stilles, sanftes Gefühl, ein Hauch von Wissen, der wie ein Windhauch durch den Raum schwebte, fast greifbar. Ich konnte sie nicht sehen oder hören, aber ich spürte ihre Anwesenheit, als ob sie mir versichern wollten, dass ich nicht allein war und dass sie, auch aus der Ferne, weiter beobachteten. Manchmal war ich versucht, sie direkt anzusprechen, doch ich wusste, dass ihre Antworten tief in mir lagen und dass ich die Lektion bereits in mir trug.

Es gab Nächte, in denen ich allein unter dem Sternenhimmel stand, den Mond betrachtete und mich fragte, wie viel wir als Menschheit noch zu lernen hatten. Würden wir jemals die Reife erreichen, die sie für unsere Welt vorgesehen hatten? Würden wir verstehen, dass die wahre Freiheit nicht in den Unterschieden, sondern in der Gemeinsamkeit liegt? Der Gedanke ließ mich oft nicht los, und ich fand in mir eine Art von Hoffnung, dass die Menschheit eines Tages diesen Weg finden würde.
Meine Aufzeichnungen füllten langsam mehrere Seiten und Kapitel. Ich notierte jedes Detail, jede Erinnerung, und hielt die Botschaft fest, so klar und wahrheitsgetreu wie möglich. Ich wusste, dass dies meine einzige Möglichkeit war, das Erlebte zu bewahren. Vielleicht würde niemand es je lesen, oder vielleicht würde es in Vergessenheit geraten – doch ich schrieb es nieder, für den Fall, dass die Welt irgendwann bereit wäre, das zu verstehen, was ich gesehen hatte.
Eines Nachts, als ich wie so oft auf der Lichtung stand und die Bäume beobachtete, überkam mich ein Gefühl der Gewissheit. Ich würde warten. Ich würde diese Botschaft in mir tragen, so lange es nötig war. Ich wusste, dass sie eines Tages gebraucht würde – sei es in vielen Jahren, wenn jemand anderes die Zeichen sehen würde, oder vielleicht in einer Zeit, in der die Welt sich an ihre Worte erinnern musste. Ich war bereit, dieses Geheimnis zu bewahren, als ein stiller Hüter der Begegnung.